Inhaltsverzeichnis

Getreide – unser wichtigstes Lebens- und Nahrungsmittel 2
Tips für Eigenbrötler 7

Sauerteigherstellung 12
Sauerteigaufbewahrung 13
Bauernvollkornbrot (mit Sauerteig) 14
Bayerischer Kümmellaib (mit Sauerteig und Hefe) 15

Backen mit Spezial-Backferment 18
Weizenvollkornbrot 20
Sonnenblumen- oder Kürbiskernbrot 21
Dreikornbrot 22
Frankenlaib 22
Roggenvollkornbrot 23
Walliser Nußbrot 23

Brotbacken im Römertopf 26
Kärntner Früchtebrot 27

Brotzubereitung mit Hefe 28
Käsekräcker 29
Bayerische Bierstangen 30
Brottorte Brixental 32
Brotfladen Kesra 34
Französisches Stangenbrot 35
Sesam-Knäckebrot 35
Käsesnacks 37
Leinsamenbrot 38
Laugenbrezen und Salzstangen 39
Kümmelkipferl 42
Osterbrot 42
Kräuterfladen 43
Quark-Gewürzbrot 44
Zwiebelbrot 45
Zwiebelfladen 46

Abkürzungen: EL = Eßlöffel   TL = Teelöffel   MS = Messerspitze
Mit Streumehl ist stets Weizenvollkornmehl gemeint.

Getreide – unser wichtigstes Lebens- und Nahrungsmittel

In der menschlichen Ernährung hat das Getreide seit Jahrtausenden eine überragende Bedeutung. Ursprüngliche Wildgräser wurden im Verlaufe der verschiedenen Kulturepochen zum heutigen Getreide veredelt. Es diente dem Menschen als Grundnahrung, zuerst als unerhitzter Brei aus zerriebenen Körnern, dann als auf Stein gebackener Fladen und später als Laib-Brot. Alle ursprünglichen Zubereitungsarten des Getreides hatten eines gemeinsam: es wurde nur das volle Getreidekorn mit Keim, Randschichten und Mehlkörper verwendet.

Zu Beginn des Industriezeitalters wurden 1873 auf der Weltausstellung in Paris erstmals Walzenmühlen gezeigt, die vom Getreidekorn Keim und Randschichten entfernten und den (inneren) Mehlkörper übrig ließen. Das daraus hergestellte Mehl – Weißmehl aus Weizen, Graumehl aus Roggen – wird Auszugsmehl genannt, weil es nur noch ein Auszug aus dem ursprünglichen ganzen Korn ist. Dies war die Geburtsstunde der ernährungsbedingten Zivilisationskrankheiten.

Auszugsmehl bot für die Vorratshaltung den Vorteil, daß es durch die Entfernung des fetthaltigen Keims und der Randschichten über längere Zeit aufbewahrt werden konnte, ohne zu verderben. Das Mehl wurde zu einer Konserve. So konnte das Versorgungsproblem der Großstädte gelöst werden.

Die Nachteile des Auszugsmehls

Aus gesundheitlicher Sicht entstand aber ein schwerwiegender Nachteil: Im ganzen Getreidekorn sind alle bisher entdeckten biologischen Wirkstoffe enthalten. Durch das Entfernen des Keimes und der Randschichten gehen viele Wirkstoffe verloren, vor allem die B-Vitamine. Kein anderes Lebensmittel enthält auf so kleinem Raum so viel Vitamin B_1.

Zu Beginn des Industriezeitalters gab es allerdings noch keine Vitaminforschung, so daß die negativen Auswirkungen der oben erwähnten Bearbeitung des Getreides auf die menschliche Gesundheit noch nicht vorhersehbar waren. Erst Jahrzehnte später, als die Zivilisationskrankheiten deutlich in Erscheinung traten, konnte die zwischenzeitlich etablierte Vitaminforschung die begangenen Fehler aufdecken. Trotz dieser Erkenntnisse wurden Auszugsmehle (in ostasiatischen Ländern geschälter Reis) weiter für die menschliche Ernährung verwendet. So ist es leider bis heute geblieben.

Die Tabelle zeigt den Verlust bestimmter Vitalstoffe bei Auszugsmehlen und damit den qualitativen Unterschied zum Vollkornmehl.

Wirkstoffe	Vollkornmehl aus Weizen oder Roggen 1 kg	Auszugsmehl aus Weizen oder Roggen 1 kg	Verlust in Prozent
Vitamin B_1	5,1 mg	0,7 mg	86
Vitamin B_2	1,3 mg	0,4 mg	69
Vitamin B_6	4,4 mg	2,2 mg	50
Niacin	57,0 mg	7,7 mg	86
Pantothensäure	50,0 mg	23,0 mg	54
Provitamin A	3,3 mg	–	100
Vitamin E	24,0 mg	–	100
Eisen	44,0 mg	7,0 mg	84
Kupfer	6,0 mg	1,5 mg	75
Magnesium	250,0 mg	120,0 mg	52
Mangan	70,0 mg	20,0 mg	71
Kalium	4730,0 mg	1150,0 mg	76
Kalzium	120,0 mg	60,0 mg	50

Besonders der Mangel an Vitamin B_1, aber auch der anderen B-Vitamine wie B_2, B_6, Nikotinsäureamid, Pantothensäure, Biotin und Folsäure, ist die Ursache für das Auftreten der verschiedensten Stoffwechselkrankheiten. Störungen im Kohlenhydrat-

Stoffwechsel bringen durch die enge Verflechtung mit dem Fett- und Eiweiß-Stoffwechsel Störungen im gesamten Stoffwechsel mit sich. So kann allein das Fehlen von Vitamin B_1 alle ernährungsbedingten Zivilisationskrankheiten hervorrufen (siehe Danner, *Das gesunde Frühstück*).

Volle Gesundheit durch volles Korn

Da das Getreide der Hauptlieferant von Vitamin B_1 ist, gilt der Grundsatz: Volle Gesundheit ist ohne volles Korn nicht möglich.

Wegen der Wichtigkeit von Vitamin B_1 in der menschlichen Ernährung, wurde von der WHO (Weltgesundheitsorganisation) ein Richtwert von 1,5 mg/Tag vorgegeben. Russische Forscher empfehlen 3 mg/Tag, die tägliche Nahrung vor etwa 100 Jahren enthielt 5 mg/Tag, während der zivilisierte Mensch mit der üblichen Kost höchstens 0,8 mg Vitamin B_1 täglich zu sich nimmt.

Um diesen Empfehlungen gerecht zu werden und zur Vermeidung der zahllosen Störungen und Krankheiten, die auf den Mangel des Vitamin-B-Komplexes zurückzuführen sind, ist folgendes zu beachten:

– Unser tägliches Brot muß Vollkornbrot sein, abwechselnd verschiedene Sorten.
– Für alle aus Mehl hergestellten Produkte muß Vollkornmehl verwendet werden.
– Vollkornbrot alleine sichert nicht den notwendigen täglichen Bedarf an B-Vitaminen. Zum Ausgleich des Vitalstoffverlustes beim Backen ist der tägliche Verzehr von unerhitztem Getreide in Form eines Frischkorngerichts unerläßlich (Rezepte dafür in dem in dieser Reihe erschienenen Heft *Das gesunde Frühstück*.)

Frisch gemahlenes Vollkornmehl stellt man am besten und einfachsten mit der eigenen Getreidemühle her. Selbstverständlich kann am Anfang das benötigte Vollkornmehl frisch gemahlen in Naturkostläden gekauft werden. Zur Bereitung des Frischkorngerichts genügt zunächst eine handbetriebene Kaffeemühle. Sobald jedoch eine Familie versorgt, und Brot sowie verschiedenes Gebäck aus frisch gemahlenen Vollkornmehlen hergestellt werden soll, ist der Kauf einer Getreidemühle anzuraten. Beim Kauf sind folgende wichtige Punkte zu beachten:

Die Getreidemühle

- Die Mahlleistung g/min. sollte der Familiengröße und der Anwendungshäufigkeit entsprechen.
- Die Mühle muß sowohl groben Schrot für das Frischkorngericht wie auch feinstes Vollkornmehl für die verschiedensten Gebäckarten liefern.
- Das Mahlgeräusch sollte erträglich sein (bei der Vorführung mit voller Mahlleistung beachten).
- Der Preis sollte der Mahlleistung, der Robustheit der Maschine und der Gewährleistungszusage angemessen sein.

Von untergeordneter Bedeutung ist die Mahlwerksart. Neben den herkömmlichen Mahlwerken aus Naturstein, Kunststein und Stahl, werden heute leistungsfähige, abriebfeste Mahlwerke aus Bio-Keramik angeboten.

Ein für den Verbraucher wichtiges Kapitel ist die Brotwerbung. Sie hat sich heute vielversprechende Bezeichnungen und Namen der einzelnen Brotarten und -sorten einfallen lassen: Bauernbrot, Bio-Brot, Demeter-Brot, Dreikornbrot, Diätbrot, Gewürzbrot, Graubrot, Holzofenbrot, Landbrot, Mehrkornbrot, Pumpernickel, Roggenmischbrot, Schrotbrot, Schwarzbrot, Steinofenbrot, Toastbrot usw. Dies sind handelsübliche Bezeichnungen, die über Ausmahlungsgrad und Type des verwendeten Mehls ebenso wenig aussagen wie über die Frischvermahlung des ganzen Getreidekorns.

Die Brotwerbung

Der Ausmahlungsgrad

Der Ausmahlungsgrad ist die beim Mahlen des Getreides erzielte Mehlausbeute in Prozent vom Ausgangsgetreide. Je höher der Ausmahlungsgrad, um so reicher ist das Mehl an biologischen Wirkstoffen. Bei Vollkornmehl ist der Ausmahlungsgrad 100%.

Die Mehltype

Die Mehltype zeigt den Aschegehalt an Mineralstoffen in mg pro 100 g Getreide an. Vollkornmehle haben die Typenbezeichnung 1700 bis 2100, je nach Getreideart (Weizen oder Roggen).

Echtes Vollkornbrot, gleich welchen Namen oder Bezeichnung es trägt, muß aus frisch vermahlenem, keimfähigem Getreide ohne Zusatz von Auszugsmehlen und ohne chemische Backhilfsmittel hergestellt sein.

Verdaulichkeit und Verträglichkeit

Zum Abschluß noch ein Hinweis über die Verdaulichkeit und Verträglichkeit des Vollkornbrotes. Es ist ernährungswissenschaftlich nachgewiesen, daß Vollkornbrot wesentlich leichter zu verdauen ist als Brot aus Auszugsmehlen. Die in ihm enthaltenen Vitalstoffe (Vitamine, Mineralstoffe, Spurenelemente, Enzyme, ungesättigte Fettsäuren, Aromastoffe und Faserstoffe, sogenannte Ballaststoffe), fördern die Verdauung.

Trotz der guten Verdaulichkeit von Vollkornbrot können Unverträglichkeiten auftreten, besonders bei Magen-, Galle-, Leber- und Darmempfindlichen und -kranken. Nicht das Vollkornbrot ist dafür verantwortlich, sondern die Zusammensetzung der übrigen Kost. Wie schon in dem Heft *Das gesunde Frühstück* aufgezeigt, sind gekochtes oder eingemachtes Obst, jeglicher Fabrikzucker und Säfte aus Obst und Gemüse die Ursachen der Unverträglichkeit. Werden diese Nahrungsmittel besonders zu Anfang der Umstellung auf Vollwertkost weggelassen, gibt es auch beim Empfindlichen und Kranken keine Verträglichkeitsprobleme.

Die Vollwerternährung ist ein ganzheitliches System, zusammengesetzt aus verschiedenen Bestandteilen. Vollkornbrot ist nur ein Bestandteil. Dazu müssen noch das Frischkorngericht, die Frischkost und die naturbelassenen Fette kommen. Erst alles dies zusammen macht die Vollwerternährung aus. Gerade der Erkrankte muß dies beachten, weil er durch den Verzehr weitestgehend naturbelassener Nahrung seine Gesundheit ganz oder teilweise zurückgewinnen kann. Alle gesunden Menschen können mit der vitalstoffreichen Vollwerternährung das Auftreten ernährungsbedingter Zivilisationskrankheiten verhüten und dadurch freier, glücklicher und sorgloser leben.

Tips für »Eigenbrötler«

Für die Zubereitung von Brot und Kleingebäck wird außer frisch gemahlenem Getreide (wie z. B. Weizen- oder Roggenvollkornmehl) und einer Flüssigkeit (wie z. B. Wasser, Milch, Wasser mit Sauerrahm) auch ein Teiglockerungsmittel benötigt, das den Teig aufgehen läßt. Sauerteig, Spezial-Backferment und Hefe eignen sich dazu vorzüglich. Sie verleihen dem Brot oder Gebäck einen typischen Geschmack und ein besonderes Aroma.

Sauerteig, Spezial-Backferment und Hefe

Sauerteigbrote haben einen kräftigen und herzhaften Geschmack, Spezial-Backferment-Brote einen etwas milderen und Hefebrote oder -gebäcke den mildesten. Jede dieser Brotarten hat ihren Platz in unserer Ernährung, weil sie für geschmackliche Abwechslung sorgt und sehr wichtig für die Appetitanregung ist.

Der herzhafte Biß in ein Vollkornbrot oder -brötchen vermittelt uns das Erlebnis von echtem Schrot und Korn, Produkte aus Auszugsmehlen mit zugesetzten Backhilfsmitteln täuschen uns etwas vor. Vollkornbrote und -gebäck schmecken frisch und altbacken gut und sind sehr sättigend.

Die Gehzeiten Die bei den Brotrezepten angegebenen Gehzeiten hängen von der Umgebungswärme ab. Während Hefeteige völlig unproblematisch gehen (z. B. auch im Kühlschrank), sind Sauerteige und Backfermentteige wärmeempfindlicher. Die nötige Wärme kann auf verschiedene Art beschafft werden. Im Sommer z. B. kann der Teig während der Gehzeit zugedeckt in die Sonne gestellt werden.

Für das Gehen der Hauptteige bei Sauerteig- oder Spezial-Backfermentbroten ist eine erhöhte Temperatur erforderlich. Dieses Problem kann sehr einfach mit der Backröhre gelöst werden: Backröhre für 5–10 Minuten auf 100° heizen, dann abschalten und den in einer Schüssel zugedeckten Teig hineinstellen. Die jeweilige Gehzeit ist in den Rezepten angegeben.

Bei der Herstellung des Grundansatzes aus dem Spezial-Backferment, bei der Sauerteigzubereitung und bei der Herstellung des Vorteiges für Sauerteigbrote ist eine Wärmeeinwirkung über längere Zeit notwendig. Dafür kann wieder die Backröhre verwendet werden:

Backröhre 15 Minuten auf 100° aufheizen, dann abschalten. Den in einer Schüssel zugedeckten Teig zusätzlich in eine Wolldecke einschlagen und in die Röhre stellen. Auf einfachste Art wird dadurch die Wärme über Stunden gespeichert, ohne daß der Teig zu hohen Temperaturen ausgesetzt ist.

Normalerweise verdoppelt sich das Volumen von Hefeteigen in der angegebenen Gehzeit, Sauerteig und Backfermentteige vergrößern ihr Volumen etwa um die Hälfte. Sollte diese Zunahme noch nicht erfolgt sein, muß noch etwas gewartet werden.

Kärntner Früchtebrot im Römertopf gebacken

Das Kneten und Schlagen des Teiges von Hand

Kneten und Schlagen des Teiges von Hand: Beim Kneten des Hauptteiges mit der Hand ist es zweckmäßig, eine Schüssel mit lauwarmem Wasser neben die Teigschüssel zu stellen. Klebt der Teig an der Hand, wird die Hauptmasse des Teiges abgestreift, die Hand in das Wasser getaucht und dann weitergeknetet. Nach kurzer Zeit ist die Hand teigfrei. Beim Kneten nicht mit den Fingern in den Teig hineingreifen, sondern den Teig mit der ganzen Handfläche immer wieder von außen nach innen drücken.

Lockere Hefeteige werden wie folgt geschlagen: Schüssel mit der Hand festhalten und Teig von der gegenüberliegenden Seite mit dem Kochlöffel schlagweise holen und dabei immer fest unter den Teig schlagen, daß er leichte Blasen wirft. Nach einiger Zeit die Schüssel wieder drehen, das Schlagen neu beginnen und dabei den Teig auf die andere Seite holen. Dann mit Vollkornmehl bestreuen und gehen lassen.

Wenn der Hauptteig gegangen ist und zum weiteren Gehen in ein Brotkörbchen oder eine Brotform gelegt wird, muß er vorher nochmals durchgeknetet werden. Dabei wird nur Streumehl (Weizenvollkornmehl) wie folgt verwendet: Arbeitsfläche bemehlen und Teig mit der flachen Hand von außen nach innen drücken, bis er nicht mehr klebt. Dann in das Brotkörbchen legen.

Das Backen

Das Einschieben des Brotes in die Backröhe muß zum richtigen Zeitpunkt während des Gehens erfolgen: Das Brot muß gut angegangen, jedoch noch nicht vollständig gegangen sein, damit der letzte Schub im Ofen erfolgen kann (der Ofen muß gut vorgeheizt sein). Wird das nicht beachtet, fällt das Brot ein oder es läuft zu flach auseinander. Beides ist jedoch nur ein Schönheitsfehler, der die Brotqualität nicht beeinträchtigt.

Brote im Römertopf (siehe S. 26) werden stets unge-
gangen in die kalte Backröhre geschoben. Das
selbe gilt für Hefegebäck, wie in manchen Rezepten beschrieben. Der Teig geht erst beim Aufheizen der Röhre.

Ob das fertige Brot durchgebacken ist, wird durch
eine Klopfprobe geprüft. Dazu Brot aus dem Ofen
nehmen und mit dem Fingerknöchel gegen die Unterseite klopfen. Klingt es hohl, ist das Brot fertig.
Bei dumpfem Klang in den Ofen zurücklegen und
noch einige Zeit weiterbacken. Kastenbrote können mit Holzstäbchen im Ofen oder mit der Klopfprobe nach dem Herausnehmen aus dem Ofen und
Stürzen auf ein Gitter geprüft werden.

Die besten Backergebnisse bei Kastenbroten (auch
bei Kuchen) werden mit schweren, dunklen Back-
formen, wie sie Bäcker benützen, erzielt. Gutschlie-
ßende Spezial-Brotbacköfen, die auch als Haus-
haltsöfen zu verwenden sind, verbessern die Backqualität und die Freude am Backen erheblich.

Aufbewahrung und Frischhaltung: Das tägliche
Brot wird am zweckmäßigsten in einem Keramik-
Brottopf mit Deckel und Luftlöchern in der Küche
aufbewahrt. So hält es sich 4 bis 5 Tage frisch. Brot-
brösel im Brottopf werden etwa jeden zweiten Tag
mit einem trockenen Tuch ausgewischt. Damit wird
der Schimmelbildung vorgebeugt.

Aufbewahrung und Frischhaltung

Brot für den späteren Verbrauch (5–10 Tage) kann
in einem Leinen-Geschirrtuch eingewickelt und zusätzlich in eine Frischhaltetüte, die offen bleibt, an
einem kühlen, trockenen Ort aufbewahrt werden.
Brot gehört nicht in den Kühlschrank!

Für längere Aufbewahrung (1–2 Monate) empfiehlt
sich das Tiefgefrieren.

Sauerteigherstellung

400 g Roggenvollkornmehl
½ l lauwarmes Wasser
50 g Backhefe

Das frisch gemahlene Roggenvollkornmehl mit Wasser und Hefe verrühren und in einer Schüssel (Teig geht auf!), mit Teller bedeckt, bei guter Wärme 12 Stunden gehen lassen: Entweder nachts auf den Heizungskessel stellen und dabei Schüssel von oben gut abdecken oder Backröhre für 15 Minuten auf 100° heizen, dann abschalten. Schüssel mit Teller bedeckt zuerst in Geschirrtuch, dann in Wolldecke gut einpacken und über Nacht in der Röhre stehen lassen.

Am nächsten Tag ist der Teig leicht gesäuert. 125 g davon wegnehmen und mit ca. 50 g Roggenvollkornmehl zu einem mittelfesten Teig verkneten. Dieses Teigstück ist nun der Sauerteig, mit dem nach den Rezepten S. 14 und 15 Sauerteigbrot gebacken werden kann. Es wird abends als Vorteig wieder angesetzt.

Mit dem verbliebenen Teig kann ein weiteres Bauernvollkornbrot gebacken werden. Sein Geschmack ist noch nicht so herzhaft wie der eines Sauerteigbrotes, aber wesentlich intensiver als der eines Hefebrotes. Das nächste Brot mit dem zurückgelassenen, nochmals angesetzten Teig hat dann die besten Geschmackseigenschaften.

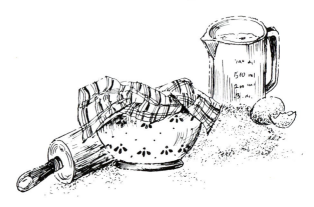

Sauerteigaufbewahrung

Aus der Mitte des Vorteiges werden für das nächste zu backende Brot 2–3 Eßlöffel (ca. 125 g) Sauerteig entnommen und mit Roggenvollkornmehl zu einem mittelfesten Teig verknetet: Dieser Teig kann

a) in einem Schraubglas 8–10 Tage im Kühlschrank aufbewahrt werden, wenn in dieser Zeit Brotbacken geplant ist.

b) ca. 2 mm dick ausgewalkt und in einer Gefriertüte schnell eingefroren werden. Zur Verwendung in lauwarmes Wasser geben, mit Mehl verrühren und über Nacht warm stellen (s. S. 12).

c) ca. 2 mm dick ausgewalkt und auf einem Gitter in der Sonne oder auf der Heizung gut angetrocknet werden. Dann in kleine Stücke brechen und gut durchtrocknen lassen. In Papiertüte trocken aufbewahren, ca. 1 Jahr verwendungsfähig.
Die getrockneten Sauerteigstückchen in etwas mehr Wasser als für den Vorteig in den folgenden beiden Rezepten angegeben einweichen und statt 12 Stunden ca. 14–15 Stunden gehen lassen. Das Trocknen des Sauerteigs ist die ideale Aufbewahrungsmöglichkeit.

Läßt die Triebkraft des Sauerteiges nach, beim Ansetzen des Vorteigs ein ca. haselnußgroßes Stück frische Backhefe oder zum Hauptteig 40 g frische, in Wasser verrührte Backhefe zugeben.

Bauernvollkornbrot

Vorteig:
125 g Sauerteig (s. S. 12/13.
½ l lauwarmes Wasser
400 g Roggenvollkornmehl

Hauptteig:
800 g Roggenvollkornmehl
400 g Weizenvollkornmehl
3 gehäufte TL Vollmeersalz
2 EL Kümmel, ganz
1 EL Koriander, ganz
1 TL Anis, ganz
1 TL Fenchel, ganz
½ TL Kardamom, gemahlen
¾ l lauwarmes Wasser

ca. 100 g Streumehl, Kümmel

Titelbild u. S. 16/17

Sauerteig in ½ l lauwarmem Wasser auflösen und frisch gemahlenes Roggenvollkornmehl dazurühren. Zugedeckt bei 30–35° ca. 12 Stunden gären lassen. Beim Aufreißen des Teiges muß sich eine starke Bläschenbildung zeigen. 125 g dieses Vorteiges für das nächste Brot wegnehmen, mit etwas Roggenvollkornmehl verkneten und aufbewahren (s. S. 13).

Frisch gemahlenes Roggen- und Weizenvollkornmehl in einer Backschüssel mit Vollmeersalz und Gewürzen mischen, in die Mehlmitte eine Vertiefung drücken und Vorteig hineingeben. Von der Mehlmitte aus mit dem umgebenden Mehl vermengen. Lauwarmes Wasser unter ständigem Kneten zugießen und Teig kräftig durcharbeiten, bis er sich von der Schüssel löst (10–15 Minuten Knetzeit).

Teig herausnehmen, Schüssel mit Vollkornmehl ausstreuen, Teig wieder hineinlegen, mit Vollkornmehl bestäubt und zugedeckt an einem warmen Ort 1½–3 Stunden gehen lassen (die Gärzeit hängt von den Wärmeverhältnissen ab).

Hat das Teigvolumen knapp um die Hälfte zugenommen und zeigen sich kleine Risse an der Oberfläche, Teig auf bemehlter Arbeitsfläche nochmals gut durchkneten, eine Kugel formen und diese mit dem Teigschluß nach oben in einem gewärmten, gut bemehlten Brotbackkörbchen, zugedeckt und warmgestellt, 45–60 Minuten gehen lassen. Zeigen sich auf der Oberfläche kleine Risse, ist es Zeit, den Brotteig einzuschieben.

Brotteig auf Backblech kippen, schnell mit Wasser bestreichen, mit Kümmel bestreuen und mit einer Gabel auf der gesamten Oberfläche einige Male einstechen oder in der Teigmitte ein Kreuz, ca. 12 x 12 cm, 1 cm tief einschneiden.

In den auf 250° vorgeheizten Ofen Brot auf der zweiten Schiene von unten einschieben. Auf den Boden der Backröhre einen Teller mit heißem Wasser stellen. 20 Minuten bei 250°, 1 Stunde bei 180° und 10 Minuten bei Nachhitze backen.

Brot herausnehmen, schnell mit kaltem Wasser abpinseln und auf einem Gitter einen Tag auskühlen lassen. Noch 1–2 Tage durchziehen lassen.

Die angegebenen Mengen ergeben ca. 2,7 kg Brot.

Bayerischer Kümmellaib

Vorteig in gleicher Weise herstellen wie für das Bauernvollkornbrot.

Frisch gemahlenes Roggen- und Weizenvollkornmehl in eine Schüssel geben, Vertiefung drücken und darin die in Wasser aufgelöste Hefe mit Mehl zu einem dicklichen Brei rühren. Mit Mehl bestäubt ca. 15 Minuten gehen lassen. Dann Vorteig, Kümmel und Wasser mit darin aufgelöstem Salz dazugeben. Teig gut und kräftig mindestens 10–15 Minuten kneten, bis er geschmeidig ist und sich von der Schüssel löst. Mit Mehl bestäuben und zugedeckt an einem warmen Ort 1½–2 Stunden gehen lassen.

Weitere Backanleitung siehe Bauernvollkornbrot. Brot vor dem Einschieben mit Wasser bestreichen, mit Kümmel bestreuen und kreuzförmig einschneiden.

Die angegebene Menge ergibt 2,5 kg Brot.

Vorteig:
125 g Sauerteig (siehe S. 12/13)
½ l lauwarmes Wasser
400 g Roggenvollkornmehl

Hauptteig:
800 g Roggenvollkornmehl
200 g Weizenvollkornmehl
⅛ l lauwarmes Wasser
40 g Hefe
4 EL Kümmel
3 TL Vollmeersalz
½ l lauwarmes Wasser

Streumehl, Kümmel

Abb. S. 16/17

*Abbildung folgende Seiten:
Laibbrote und Kipfe:
Bayerischer Kümmellaib,
Dreikornbrot, Weizenvollkornbrot, Bauernvollkornbrot,
Frankenlaib*

Backen mit Spezial-Backferment

Spezial-Backferment bietet die Möglichkeit, Brote aus jeder Getreideart und -mischung herzustellen. Auch hohe Anteile an Hafer, Gerste oder Maisschrot lassen sich gut verarbeiten. Die Teigansätze sind unempfindlich gegenüber Temperaturschwankungen, deshalb ist es denkbar einfach, den Grundansatz aus dem trockenen Granulat selbst herzustellen. Die Zeit der Teigausreifung kann um viele Stunden ohne Schaden hinausgeschoben werden, so daß das Brotbacken ohne Streß zum echten Hobby wird.

Die aus Spezial-Backferment hergestellten Brote sind schnittfest und selbst für Magenkranke, die Sauerteig und Hefe nicht vertragen, leicht bekömmlich. Durch den langandauernden Gärprozeß ist die volle Aromaentfaltung gewährleistet. Brote mit Spezial-Backferment sind auch für Backanfänger leicht herzustellen.

Spezial-Backferment ist als Pulver in Reformhäusern und Naturkostläden erhältlich. Zum Brotbacken sind sowohl das Pulver wie auch ein Grundansatz notwendig, der aus dem Pulver, Wasser und Getreide nach folgendem Rezept hergestellt wird.

Bereitung des Grundansatzes aus Spezial-Backferment.
Der Grundansatz ist ein gärender Teig, der aus dem trockenen Granulat bereitet wird:
20 g Spezial-Backferment mit ca. 120 ccm Wasser (gut warm, ca. 40°) klümpchenfrei auflösen. 50 g Weizenmehl, Type 1700, und 50 g Weizenmehl, Type 1050 (Demeter) dazugeben. Alles gut vermengen. Teig soll weich sein, aber es soll sich kein Wasser absetzen. Wer eine Getreidemühle besitzt, kann statt der Type 1700 selbst gemahlenes Weizenvollkornmehl und statt der Type 1050 ausgesiebtes, selbst gemahlenes Weizenvollkornmehl verwenden.

Diesen Teig bei einer Temperatur von 28–35° für 24 Stunden bedeckt stehen lassen (s. S. 8). Nach dieser Zeit ist eine Bläschenbildung zu beobachten. Zu diesem Teig werden dann ca. 180 ccm Wasser (ca. 40° warm) gegeben und untergemengt. 150 g Weizenmehl, Type 1700, und 150 g Weizenmehl, Type 1050, dazugeben und alles gut vermengen. Der Teig soll eine mittlere Festigkeit aufweisen. Weitere 24 Stunden bei 28–35° stehenlassen. Der Teig ist durch Gärung auf mehr als das Doppelte seines anfänglichen Volumens angewachsen. Der Gärvorgang ist damit abgeschlossen und der Grundansatz gebrauchsfertig.

In einem Schraubglas wird dieser Grundansatz im Kühlschrank aufbewahrt, wo er sich über ein halbes Jahr hält. Eine sich an der Oberfläche zeigende graue Verfärbung hat nichts zu sagen. Es sind arteigene Hefen, die von Natur aus grau sind.

Weizenvollkornbrot

Vorteig:
400 g Weizenvollkornmehl
½ l Wasser
1 gehäufter EL Grundansatz (50 g)
1 gehäufter TL Backferment (6 g)

Hauptteig:
1 kg Weizenvollkornmehl
½ l Wasser
4 leicht gehäufte TL Vollmeersalz

nach Belieben:
2 TL Anis, gemahlen
2 TL Fenchel, gemahlen
1 TL Kardamom, gemahlen
2 TL Kümmel, ganz
2 TL Koriander, ganz

ca. 100 g Streumehl

Abb. S. 16/17

Grundansatz (s. S. 18) und Backfermentpulver mit lauwarmem Wasser klümpchenfrei verrühren. Frisch gemahlenes Weizenvollkornmehl dazugeben und alles gut vermengen.

Teigansatz in einer Schüssel bei ca. 20° Raumtemperatur stehen lassen und so abdecken, daß Oberfläche nicht abtrocknet (mit Teller oder Folie). Teig muß mindestens 12 Stunden stehen. Auch 20 Stunden und mehr schaden nicht. In diesem Fall muß mit einer stärkeren Säuerung gerechnet werden.

Nun den Hauptteig bereiten. In eine große Schüssel das frisch gemahlene Weizenvollkornmehl geben, mit Gewürzen und Salz vermengen (Fenchel, Anis und Kardamom können unter den Weizen gemischt und in der Mühle mitgemahlen werden) und eine Vertiefung in die Mehlmitte drücken. Dorthinein den Vorteig geben und diesen von der Mitte aus mit Mehl vermengen. Das Wasser wird nach und nach zugegeben. Teig ca. 10 Minuten lang mit den Händen kräftig kneten.

Dann Teig allseitig einmehlen und mit einem Tuch abgedeckt 1–1½ Stunden warm (30–35°) stellen (s. S. 8). Es muß sich eine gute Lockerung des Teiges zeigen. Das Teigvolumen nimmt um gut ein Drittel zu.

Nun Teig nochmals kurz durchkneten. In gut gemehltem Brotbackkörbchen oder in einer anderen Form mit Teigschluß nach oben nochmals ca. 30–50 Minuten mit Mehl bestäubt und mit Tuch abgedeckt gehen lassen. Zeigen sich kleine Risse an der Oberfläche, ist der Teig gerade richtig zum Einschieben. Teige mit richtiger Gare sind leicht gewölbt, übergare fallen an der Oberfläche leicht ein.

Nun Brotteig auf leicht gefettetes Blech stürzen und mit bemehlter Oberfläche einschieben. Er kann auch mit Wasser abgestrichen und mit Kümmel bestreut werden, der leicht eingedrückt wird. Dann ringsherum mit der Gabel mehrmals einstechen oder ein Kreuz in die Brotoberfläche, 12 x 12 cm, 1 cm tief einschneiden.

In den auf 250° vorgeheizten Ofen Brotteig auf der untersten Schiene einschieben und auf das Blech eine Tasse mit kochendem Wasser stellen. 20 Minuten bei 250°, 60 Minuten bei 190° und 10 Minuten bei Nachhitze backen.

Brot herausnehmen und, wenn Glanz erwünscht ist, mit kaltem Wasser abstreichen. Auf einem Gitter 24 Stunden auskühlen lassen.

Die angegebenen Mengen ergeben gut 2 kg Brot.

Sonnenblumen- oder Kürbiskernbrot

Zubereitung und Backzeiten wie bei Weizenvollkornbrot mit Spezial-Backferment (s. S. 20).

Sonnenblumen- oder Kürbiskerne in den Hauptteig kneten. In den Teig vor dem Einschieben in den Ofen ein Kreuz, 12 x 12 cm, ca. ½ cm tief mit scharfem Messer einschneiden.

Angegebene Teigmenge ergibt ca. 2,4 kg Brot.

Vorteig:
400 g Roggenvollkornbrot
½ l lauwarmes Wasser
1 EL Grundansatz (50 g)
1 gehäufter TL Backfermentpulver (6 g)

Hauptteig:
1 kg Weizenvollkornmehl
gut ½ l lauwarmes Wasser
2 EL Vollmeersalz
250 g Sonnenblumen- oder Kürbiskerne

Titelbild

Dreikornbrot

300 g Hafer, ganz
½ l Wasser

Vorteig:
400 g Roggenvollkornmehl
½ l Wasser
1 gehäufter EL Grundansatz (siehe S. 18)
1 gehäufter TL Backfermentpulver (6 g)

Hauptteig:
1 kg Weizenvollkornmehl
¼ l Wasser
3 TL Vollmeersalz

Streumehl
4 EL feine Haferflocken
Titelbild u. S. 16/17

Zubereitung und Backzeiten genau wie bei Weizenvollkornbrot mit Spezial-Backferment (s. S. 20).

Hafer mit kochendem Wasser übergießen und zugedeckt ca. 12 Stunden weichen lassen. Dann mit restlichem Wasser zum Hauptteig geben und mitkneten.

Brotkörbchen statt mit Mehl mit feinen Haferflocken ausstreuen. Brotteig zum letzten Gehen hineinlegen. Auf das Backblech stürzen. Dabei bleiben die Haferflocken an dem Teig haften. Nun kreuzförmig einschneiden und wie angegeben backen.

Die angegebenen Mengen ergeben ca. 2,6 kg Brot.

Frankenlaib

Vorteig:
400 g Roggenvollkornmehl
1 gehäufter EL Grundansatz (50 g)
1 gehäufter TL Backfermentpulver (6 g)
½ l lauwarmes Wasser

Hauptteig:
600 g Roggenvollkornmehl
400 g Weizenvollkornmehl
2 EL Vollmeersalz
gut ½ l Wasser

nach Belieben:
1 TL Anis, ganz
1 TL Fenchel, ganz
2 TL Koriander, ganz
2 TL Kümmel, ganz
½ TL Kardamom, gemahlen

Streumehl
Abb. S. 16/17

Zubereitung und Backzeiten genau wie bei Weizenvollkornbrot mit Spezial-Backferment (s. S. 20).

Nach Belieben Gewürze in den Hauptteig kneten und Brotteig vor dem Backen mit Kümmel bestreuen.

Die angegebenen Mengen ergeben ca. 2 kg Brot.

Roggenvollkornbrot

Zubereitung und Backzeiten wie bei Weizenvollkornbrot mit Spezial-Backferment (s. S. 20).

Brot vor dem Einschieben mit Wasser abstreichen und mit Kümmel bestreuen. Mit scharfem Messer Brotmitte ½ cm tief kreuzförmig einschneiden.

Die angegebenen Mengen ergeben ca. 2,5 kg Brot.

Vorteig:
400 g Roggenvollkornmehl
½ l Wasser
1 gehäufter EL Grundansatz (50 g)
1 gehäufter TL Backfermentpulver (6 g)

Hauptteig:
1200 g Roggenvollkornmehl
⅝ l Wasser
2 EL Vollmeersalz
1 EL Kümmel
1 EL Koriander
1 TL Anis
1 TL Fenchel

Streumehl
2 EL Kümmel

Walliser Nußbrot

Zubereitung und Backzeiten wie bei Weizenvollkornbrot mit Spezial-Backferment (s. S. 20).

Walnuß- oder Haselnußkerne unzerkleinert in den Hauptteig kneten. Teig vor dem Einschieben in den Ofen mit einem scharfen Messer ca. 1/2 cm tief kreuzförmig einschneiden. Mit bemehlter Oberfläche backen und nach dem Backen nicht mit Wasser bestreichen.

Die angegebenen Mengen ergeben ca. 2,7 kg Brot.

Vorteig:
400 g Roggenvollkornmehl
½ l lauwarmes Wasser
1 gehäufter EL Grundansatz (50 g)
1 gehäufter TL Backfermentpulver (6 g)

Hauptteig:
400 g Roggenvollkornmehl
800 g Weizenvollkornmehl
2 gestrichene EL Vollmeersalz
200 g Walnußkerne oder
250 g Haselnußkerne
¾ l lauwarmes Wasser

ca. 100 g Streumehl

Titelbild

Abbildung folgende Seiten:
Hefebrote: Zwiebelbrot,
Brezen und Salzstangen,
Osterbrot, Leinsamenbrot,
Quark-Gewürzbrot,
Französisches Stangenbrot

Brotbacken im Römertopf

Diese Backweise ist anwendbar für alle in diesem Buch beschriebenen Brote mit Sauerteig und Backferment. Es ist zweckmäßig, zwei Römertöpfe, Größe 111, zu besitzen, weil dadurch die Röhrenkapazität des Haushaltsherdes gut genützt werden kann. Die erforderliche Teigmenge für zwei Römertöpfe entspricht der anderthalbfachen Menge der angegebenen Rezepte.

Römertöpfe und dazugehörige Deckel vor Gebrauch ca. 30 Minuten in Wasser legen. Herausnehmen, kurz trocknen und gut einfetten (z. B. mit Butter oder kaltgepreßtem Öl). Das ist sehr wichtig, sonst geht das Brot nach dem Backen nicht aus der Form.

Den gut gekneteten und gegangenen Hauptteig in die Formen geben, mit Teigschaber glattstreichen und Deckel schließen. Beim Backen in Formen kann der Teig etwas weicher sein als beim Backen ohne Form.

Formen in die kalte Backröhre, zweite Schiene von unten, einschieben und 40 Minuten auf 250° backen. Mit dicken Topfhandschuhen Deckel vom Römertopf abnehmen und auf Gitter abkühlen lassen. Ofen auf 180° zurückschalten und Brot 50 Minuten weiterbacken, dann ausschalten und 10 Minuten bei Nachhitze im Ofen lassen. Dann Römertöpfe herausnehmen, auf Gitter etwas auskühlen lassen und Brot herausstürzen.

Das Brotbacken im Römertopf ist eine gute Einübung für das Backen in Laibform. Die Teigfestigkeit für eine schöne Brotform ist im Römertopf unwesentlich. In ihm geraten alle Brote hoch, locker und formschön. Beim Backen ohne Formen in den üblichen Backröhren der Haushaltsherde ist hingegen einiges Geschick bei der Teigzubereitung erforderlich, um wohlgeformte Brote hervorzubringen.

Kärntner Früchtebrot im Römertopf

Die Herstellung des Brotteiges – Vorteig und Hauptteig – geschieht wie beim Weizenvollkornbrot mit Spezial-Backferment (s. S. 20).

Gleichzeitig mit dem Ansetzen des Vorteigs werden die gut gewaschenen Trockenfrüchte eingeweicht. Anderntags in ein Sieb gießen, Einweichwasser auffangen und für den Hauptteig verwenden.

Eingeweichte, abgetropfte Trockenfrüchte mit ganzen Haselnüssen in den Hauptteig kneten. Es ist jetzt zweckmäßig, die Teig- und Früchtemenge zu teilen, damit sie besser bearbeitet werden kann. Zugedeckt 1–1½ Stunden gehen lassen.

2 Römertöpfe mit Deckel, Nr. 111, ca. 30 Minuten in Wasser legen, kurz abtrocknen und gut einfetten (z. B. mit Butter).

Gegangenen Hauptteig mit eingearbeiteten Früchten und Nüssen in die Formen verteilen und mit nassem Teigschaber glattstreichen. Deckel schließen und in die kalte Backröhre, zweite Schiene von unten, stellen.

Bei 250° 40 Minuten backen. Mit Topfhandschuhen Deckel abnehmen und auf Gitter auskühlen lassen. Backröhre auf 180° zurückschalten und Brot 50–60 Minuten weiterbacken, danach Herd ausschalten und das Brot 10 Minuten in der Nachhitze stehen lassen. Brot in der Form auf Gitter auskühlen lassen, dann herausstürzen.

Vor dem Anschneiden Brot einige Tage durchziehen lassen. Mit oder ohne Butter ist das Früchtebrot ein Hochgenuß und ein ideales Gebäck in der Weihnachts- und Winterzeit.

Vorteig:
400 g Roggenvollkornmehl
½ l lauwarmes Wasser
1 gehäufter EL Grundansatz (50 g)
1 gehäufter TL Backfermentpulver (6 g)

Hauptteig:
400 g Roggenvollkornmehl
800 g Weizenvollkornmehl
2 gestrichene EL Vollmeersalz
¾ l Einweichwasser der Trockenfrüchte

1200 g gemischte Trockenfrüchte: Feigen, Aprikosen, Hutzeln (getrocknete Birnen), Zwetschgen, Korinthen
2 l Wasser
250 g Haselnüsse

Abb. S. 9

Brotzubereitung mit Hefe

Hefe eignet sich am besten für die Teigzubereitung mit Weizenvollkornmehl zur Herstellung von Brot oder Kleingebäck. Roggenteige mit Hefe als Triebmittel müssen über Nacht stehen. Dabei fängt der Teig zusätzlich zu säuern an.

Es ist immer von Vorteil für Geschmack und Konsistenz der Brote und des Kleingebäcks, die Hefe mindestens dreimal gehen zu lassen: im Vorteig, im Hauptteig und dann nach dem Formen nochmals vor dem Einschieben in den Ofen. Zusätzlich kann der Hauptteig nach dem ersten Gehen noch ein- bis dreimal zusammengedrückt werden, nachdem er gegangen ist. Fehlt gerade die Zeit zum Ausformen, ist es besser, den Teig nochmals zusammenzudrücken, als ihn übergehen zu lassen. Bei ein- bis dreimaligem Zusammendrücken (jedoch nicht öfter) wird der Teig standfester, das Gebäck läßt sich schöner formen und läuft beim Backen nicht auseinander. Hefebrote werden dadurch schnittfester.

Hefebrote und Hefegebäck haben einen milden, weniger herzhaften Geschmack, weil die Teiglockerung in kürzerer Zeit abläuft als bei Backferment- und Sauerteiggärung und sich daher auch weniger Aromastoffe bilden können. Der Vorteil beim Backen mit Hefe liegt darin, daß es nicht schwierig ist und praktisch immer, auch Backunerfahrenen, gelingt. Voraussetzung ist allerdings, daß die Rezeptangaben genau befolgt werden.

Mit Hefe kann nicht nur Brot, sondern auch Kleingebäck wie Brötchen, Hörnchen, Schnecken, Fladen, Kuchen, Pizzateige und Einschlagteige für Gemüsetaschen hergestellt werden.

Frisch gemahlenes Weizenvollkornmehl bringt ideale Voraussetzungen für gut gehende Teige, weil das Mehl leicht erwärmt ist. Dabei kann der Vor- und Hauptteig auch mit kalter Flüssigkeit zubereitet werden. Die Gärung dauert dann etwas länger, was sich aber wieder positiv auf die Backqualität auswirkt.

Hefe kann auch als zusätzliches Triebmittel in einem Sauerteigbrot verbacken werden. Eine kleine Menge Hefe, etwa 10 g für ein 2-kg-Brot, am Abend zum Sauerteig gegeben, belebt die Gärung. Gibt man ca. 40 g zum Hauptteig, verkürzt sich die Gärzeit, und das Brot wird zusätzlich aufgelockert.

Käsekräcker

Frisch gemahlenes Weizenvollkornmehl mit Salz, fein geriebenem Käse (Rohkostmaschine: Birchertrommel), zerlassener Butter (1 TL zurücklassen zum Einfetten des Bleches) und Wasser verkneten. Teig 15 Minuten ruhen lassen.

300 g Weizenvollkornmehl
1 TL Vollmeersalz
75 g geriebener Hartkäse,
z. B. Emmentaler
40 g Butter
¼ l Wasser

Dann Teig mit dem Nudelholz auf ein gefettetes Backblech walken (nasses Spültuch unterlegen, damit das Blech nicht rutscht). Mit Käse bestreuen und den Teig mit dem Teigrädchen in kleine Quadrate ca. 4 x 4 cm schneiden.

50 g geriebener Hartkäse
Abb. S. 40/41

In der vorgeheizten Backröhre, 2. Schiene von oben, bei 220° ca. 20 Minuten backen.
Die leicht gebräunten Kräcker mit der Backschaufel lösen, in vorgezeichnete Stücke brechen und auskühlen lassen.

Sie schmecken gut zu Salatteller, Bier oder Wein.

Bayerische Bierstangen

Vorteig:
500 g Weizenvollkornmehl
¼ l Wasser
40 g Hefe
Hauptteig:
2 TL Vollmeersalz
2 TL Backpulver
50 g Butter
zum Bestreichen:
1 Ei
je 1 EL Kümmel, Sesam, Mohn
Titelbild u. S. 40/41

Frisch gemahlenes Weizenvollkornmehl in eine Schüssel geben, Vertiefung drücken und darin die in kaltem Wasser aufgerührte Hefe mit etwas Mehl zu einem dicklichen Brei rühren. Mit Mehl bestäubt 15 Minuten gehen lassen.

Zum gegangenen Vorteig Salz, Backpulver und zerlassene Butter geben und alles 5 Minuten zu einem festen Teig gut kneten.

Auf der Arbeitsfläche Teig halbieren und eine Hälfte zu einer Rolle formen. Diese wiederum in 10 gleiche Stücke schneiden. Aus jedem Teigstück eine 30 cm lange Stange rollen. Die 10 Stangen eng aneinander auf die Arbeitsfläche legen. Das ganze Ei verquirlen und damit die Stangen mit einem Pinsel bestreichen. Mit Kümmel oder Sesam oder Mohn bestreuen und Stangen mit etwas Abstand auf ein leicht gefettetes Backblech legen.

Bei 225°, mittlere Schiene, ca. 20 Minuten backen. Auf einem Gitter auskühlen lassen.

Mit der anderen Teighälfte ebenso verfahren. Zusammen ergibt dies 2 Backbleche mit je 10 Bierstangen.

Zu Bier, Wein oder auch zum Salatteller schmecken sie vorzüglich.

Brottorte Brixental in zwei Variationen

Brottorte Brixental

Brot:
650 g Weizenvollkornmehl
1 TL Koriander
1 TL Kümmel
knapp ¼ l Wasser
40 g Hefe

¼ l Wasser
2 TL Vollmeersalz

Füllung 1 – Tomatenbutter:
150 g Butter
2 EL gewürzte Tomatenpaste
2 EL fein geschnittener Schnittlauch
1 kleine Zwiebel
2 MS Vollmeersalz
Pfeffer aus der Mühle

Füllung 2 – Käsecreme:
200 g Rohmilch-Camembert oder
Roquefort
75 g Butter
1 kleine Zwiebel
4 EL Gartenkräuter
4 EL Sauerrahm

Zum Verzieren:
125 g Butter
100 g Schichtkäse
3 EL gewürzte Tomatenpaste

2 Bund Schnittlauch
2 hart gekochte Eier
Oliven
Gürkchen
Radieschen

Abb. S. 31

Weizen, Koriander und Kümmel in eine Schüssel mehlfein mahlen, eine Vertiefung drücken und darin die in lauwarmem Wasser aufgelöste Hefe zu einem dicklichen Brei rühren. Mit Mehl bestäubt 15 Minuten gehen lassen.

Salz in lauwarmem Wasser auflösen, zum gegangenen Teig geben und gut 5 Minuten zu einem lockeren, glatten Teig kneten. Mit Mehl bestäubt 45 Minuten gehen lassen.

Teig nochmals durchkneten, eine Kugel formen, in eine leicht gefettete Springform legen und mit der Hand bis zum Rand gleichmäßig glattdrücken. 15 Minuten gehen lassen und bei 200°, 2. Schiene von unten, 30 Minuten backen, dann noch 10 Minuten Nachhitze. Auf einem Gitter einige Stunden oder 1 Tag auskühlen lassen.

Herstellung der Füllungen
Tomatenbutter: Butter mit Tomatenpaste cremigrühren. Fein geschnittenen Schnittlauch, fein geriebene Zwiebel, Salz und Pfeffer dazugeben.

Käsecreme: Weichen Camembert oder Roquefort und Butter mit der Gabel zerdrücken, kleingeschnittene Zwiebel, fein gehackte Kräuter und Sauerrahm dazugeben.

Tortenherstellung
Torte 2mal quer durchschneiden und füllen:
1. Schicht mit Tomatenbutter (Füllung 1) bestreichen,
2. Schicht mit Käsecreme (Füllung 2) bestreichen.
Tortenböden wieder aufeinandersetzen und kühlstellen. Gekühlte Torte in 12 Teile schneiden und verzieren: Zum Bestreichen weiche Butter mit Schichtkäse und Tomatenpaste verrühren, Oberseite und Rand der Torte damit bestreichen. Fein geschnittenen Schnittlauch an den Rand drücken.

Torte nun hübsch mit gekochten Eiern, Oliven,

Gürkchen, Radieschen (jeweils kleingeschnitten) verzieren. Vor dem Servieren nochmals kühlstellen. Mit Messer und Gabel essen.

Die Torte kann auch in einer Kastenform (30 cm lang) gebacken werden. Backzeiten wie bei der Springform. Nach dem Auskühlen 4mal quer durchschneiden, jeweils die Hälfte der Füllung 1 als 1. und 3. Schicht, Füllung 2 als 2. und 4. Schicht verwenden.

Verzierung wie bei der runden Form vornehmen.

Brotfladen Kesra

Vorteig:
350 g Weizenvollkornmehl
150 g Roggenvollkornmehl
¼ l Wasser
40 g Hefe

Hauptteig:
100 g Sonnenblumenkerne
⅛ l Wasser
1 TL Vollmeersalz
1 TL Rosmarin, gerebelt
1 TL Basilikum
1 TL Origano
1 TL Thymian
Sonnenblumenöl, kaltgepreßt

Abb. S. 40/41

Frisch gemahlenes Weizen- und Roggenvollkornmehl in eine Schüssel geben, Vertiefung hineindrücken und darin die in kaltem Wasser aufgelöste Hefe mit Mehl zu einem dicklichen Brei rühren. Mit Mehl bedecken 15 Minuten gehen lassen.

Sonnenblumenkerne, Wasser mit Salz und Gewürzen zum gegangenen Vorteig geben und alles zusammen 5 Minuten gut kneten. 1 EL Sonnenblumenöl in die Teigschüssel geben, Teig darin wälzen und ca. 45 Minuten gehen lassen.

Teig nochmals kurz zusammenkneten und in 8 Teile schneiden. Jedes Teil zu einer Kugel drehen und auf leicht eingeölter Arbeitsfläche dünn auswalken. Teigmenge ergibt 8 Fladen, die auf 2 Backbleche passen.

Bei 220° auf der mittleren Schiene ca. 20 Minuten backen. Nach 10minütiger Backzeit die Fladen mit Backschaufel wenden und weitere 10 Minuten backen.

Auf einem Gitter auskühlen lassen. Mit Butter oder Kräuterbutter reichen.

Französisches Stangenbrot

Frisch gemahlenes Weizen- und Dinkelvollkornmehl in eine Schüssel geben, eine Vertiefung hineindrücken und darin die in Wasser aufgelöste Hefe mit Mehl zu einem dicklichen Brei rühren. Mit Mehl bestäubt ca. 15 Minuten gehen lassen.
Salz in Wasser auflösen, zum gegangenen Vorteig geben und Teig 5 Minuten gut durchschlagen oder kneten. Weichen Teig ringsum mit Mehl bestäuben und ca. 45 Minuten gehen lassen.
Gegangenen Teig auf bemehlter Arbeitsfläche kurz durchkneten und in 3 Teile schneiden. Jedes Teil zu einer backblechlangen Rolle auswirken und, mit einem Tuch bedeckt, ca. 15 Minuten auf der Arbeitsfläche gehen lassen.
Rollen wenden und mit Hilfe einer Palette auf ein leicht gefettetes Blech legen. Jede Rolle 5- bis 6mal schräg und tief einschneiden.
Bei 220° auf der mittleren Schiene 25 Minuten backen. Auf einem Gitter abkühlen lassen.

Vorteig:
350 g Weizenvollkornmehl
300 g Dinkel
¼ l Wasser
40 g Hefe

Hauptteig:
¼ l Wasser
1 gestrichener EL Vollmeersalz

ca. 50 g Streumehl

Titelbild u. S. 24/25

Sesam-Knäckebrot

Frisch gemahlenes Weizenvollkornmehl mit Salz und kaltem Wasser verkneten. Zerlassene Butter dazugeben (1 TL zurücklassen zum Einfetten des Backbleches), Teig 15 Minuten ruhen lassen.
Dann die Hälfte der Sesammenge in den Teig kneten und diesen mit dem Nudelholz auf das leicht gefettete Backblech glatt und gleichmäßig dick walken. Restlichen Sesam darauf verteilen und mit dem Nudelholz leicht andrücken.
Den Teig mit dem Teigrädchen in die gewünschte Knäckebrotgröße teilen. Bei 220°, 2. Schiene von oben, ca. 20 Minuten bis zur leichten Bräunung backen. Mit der Backschaufel vom Blech nehmen, in die markierten Stücke brechen und auf einem Gitter auskühlen lassen.

300 g Weizenvollkornmehl
1 TL Vollmeersalz
knapp ¼ l Wasser
50 g Butter
100 g Sesam

Abb. S. 40/41

Käsesnacks

Käsesnacks

Das frisch gemahlene Weizenvollkornmehl in eine Schüssel geben, eine Vertiefung drücken und darin die in kaltem Wasser aufgelöste Hefe mit etwas Mehl zu einem dicklichen Brei verrühren. Mit etwas Weizenvollkornmehl bestäuben und 15 Minuten gehen lassen.

Kalte Milch, zerlassene Butter, Salz und geriebenen Emmentaler (Rohkostmaschine: Birchertrommel) zum gegangenen Vorteig geben und alles 5–10 Minuten gut kneten. Teig mit etwas Weizenvollkornmehl ringsum bestreuen und ca. 45 Minuten gehen lassen.

Wenn sich das Teigvolumen verdoppelt hat, Teig auf einer leicht bemehlten Arbeitsfläche kurz durchkneten und in 3 Teile schneiden. Aus jedem Teil eine backblechlange Rolle formen und alle 3 Rollen auf das leicht gefettete Backblech legen. Rollen mit Milch bestreichen, mit geriebenem Käse bestreuen und 10 Minuten gehen lassen. Danach jede Rolle mit dem Teigschaber ca. 5mal schräg einschneiden, ziemlich tief, so daß die fertiggebackenen Snacks stückweise abgebrochen werden können. Die Rollen nach dem Einschneiden mit dem Teigschaber wieder begradigen.

Im vorgeheizten Ofen bei 225°, unterste Schiene, 25 Minuten backen.

Snacks, mit oder ohne Butter, zu Salatteller, Suppe oder Eintopf reichen.

Snacks können eingefroren werden. Sie sind bei Bedarf in der Backröhre bei 100° schnell aufgetaut und schmecken wie frisch.

Vorteig:
500 g Weizenvollkornmehl
⅛ l Wasser
30 g Hefe

Hauptteig:
¼ l Milch
30 g Butter
2 TL Vollmeersalz
150 g Emmentaler

2 EL Milch
50 g Emmentaler

Streumehl

Titelbild u. S. 36

Leinsamenbrot

100 g Leinsamen, ganz
⅛ l lauwarmes Wasser

Vorteig:
650 g Weizenvollkornmehl
40 g Hefe
¼ l Wasser

Hauptteig:
200 g Sauerrahm
2 TL Vollmeersalz

Streumehl

Titelbild u. S. 24/25

Ganzen (ungeschroteten) Leinsamen 15 Minuten in lauwarmem Wasser quellen lassen.

Frisch gemahlenes Weizenvollkornmehl in eine Schüssel geben, eine Vertiefung drücken und darin die in kaltem Wasser verrührte Hefe zu einem dicklichen Brei verrühren. Mit etwas Mehl überstäuben und ca. 15 Minuten gehen lassen.

Dann Sauerrahm, gequollenen Leinsamen und Salz dazugeben und den Teig 5–10 Minuten gut kneten. Danach den Teig zu einer Kugel formen, ringsum mit Mehl bestäuben und in der Schüssel, mit einem Tuch bedeckt, 45–60 Minuten gehen lassen.

Wenn sich das Teigvolumen verdoppelt hat, auf einer bemehlten Arbeitsfläche nochmals durchkneten. Eine Rolle formen, in eine gefettete Kastenform (30–35 cm lang) legen und zugedeckt 15 Minuten gehen lassen.

Teigoberfläche mit Wasser bestreichen und mit scharfem Messer rautenförmig einschneiden.

Bei 220°, 2. Schiene von unten, 35–40 Minuten backen. Wenn das Brot beim Anklopfen auf der Unterseite hohl klingt, ist es gar, sonst noch weiterbacken. Auf einem Gitter 1 Tag auskühlen lassen.

Laugenbrezen und Salzstangen

Frisch gemahlenes Weizenvollkornmehl in Schüssel geben, Vertiefung hineindrücken und darin in lauwarmem Wasser aufgelöste Hefe zu dicklichem Brei rühren. Mit etwas Mehl bestäuben und ca. 15 Minuten gehen lassen.

Salz in lauwarmem Wasser auflösen, zum gegangenen Vorteig gießen und alles 5–10 Minuten gut kneten. Teig in 16 gleich große Stücke schneiden.

Zum Formen der Brezen je ein Teigstück zu einer ca. 50 cm langen Rolle auslängen, in der Mitte dicker, an den Enden dünner. Rolle zu einer Breze verschlingen.

Zum Formen einer Salzstange je ein Teigstück auf leicht bemehlter Arbeitsfläche zu einem länglichen Oval walken (ca. 30 x 12 cm). An der unteren Ovalspitze beginnend das Teigstück eng zusammenrollen. Dabei durch leichten Druck den aufgerollten Teig nach außen schieben, so daß die fertiggerollte Salzstange ca. 20 cm lang ist.

Wasser mit Natron in einem flachen Topf zum Kochen bringen. 2 Brezen oder 2 Salzstangen hineinlegen und ca. ½ Minuten kochen lassen. Die Brezen oder Salzstangen gehen dabei stark auf. Diese mit Sieblöffel auf ein gefettetes Blech legen und mit Mohn, Sesam oder Kümmel (oder nach Belieben auch mit Salz) bestreuen.

In vorgeheizten Backofen schieben und bei 225° auf der mittleren Schiene 20 Minuten backen. Die Menge ergibt 16 Stücke Gebäck, Brezen oder Salzstangen, auf 2 Bleche passend.

Vorteig:
750 g Weizenvollkornmehl
¼ l Wasser
60 g Hefe

Hauptteig:
¼ l Wasser
1 EL Vollmeersalz

gut 1 l Wasser
1 TL Natron

zum Bestreuen:
Mohn, Sesam, Kümmel, Vollmeersalz

Titelbild u. S. 24/25

Abbildung folgende Seiten:
Vollkornkleingebäck:
Zwiebelfladen, Kümmel-
kipferl, Kräuterfladen,
Knäckebrot, Käsekräcker,
Bayerische Bierstangen,
Brotfladen Kesra

Osterbrot

Vorteig:
700 g Weizenvollkornmehl
¼ l Milch
40 g Hefe

Hauptteig:
125 g Butter
100 g Honig
2 Eier
1 TL Vollmeersalz
½ TL Vanille
Saft und Schale von 1 Zitrone, unbehandelt
150 g Rosinen, ungeschwefelt
50 g Zitronat
50 g Orangeat

Zum Bestreichen:
1 Ei

Titelbild u. S. 24/25

Hefe in der lauwarmen Milch verrühren und in die Mitte des frisch gemahlenen Vollkornmehls gießen. Einen Teil des Mehls unterrühren, so daß ein dicklicher Teig entsteht. Mit Mehl bestaubt ca. 15 Minuten gehen lassen.

Butter, Honig und Eier cremig rühren und mit Vanille, abgeriebener Schale und Saft der Zitrone, Rosinen, Zitronat und Orangeat zum gegangenen Vorteig geben. 5–10 Minuten kneten und mit etwas Mehl bestreut und einem Tuch bedeckt ca. 30–45 Minuten gehen lassen.

Wenn sich das Teigvolumen verdoppelt hat, den Teig nochmals zusammenkneten, in 3 Teile schneiden und aus jedem Teil einen runden Laib formen. Mit dem Teigschluß nach unten auf ein leicht gefettetes Backblech legen und zugedeckt 10–15 Minuten gehen lassen. Mit verquirltem Ei bestreichen, kreuzförmig einschneiden und im vorgeheizten Ofen bei 200°, mittlere Schiene, 30–40 Minuten backen.

Kümmelkipferl

Vorteig:
350 g Dinkelvollkornmehl
250 g Roggenvollkornmehl
¼ l Mineralwasser
60 g Hefe

Hauptteig:
¼ l Mineralwasser
1 EL Vollmeersalz
1 EL Kümmel
Streumehl

zum Verzieren: Kümmel

Titelbild u. S. 40/41

Frisch gemahlenes Dinkel- und Roggenvollkornmehl in eine Schüssel geben, Vertiefung hineindrücken und darin in Mineralwasser aufgelöste Hefe mit Mehl zu einem dicklichen Brei rühren. Mit Mehl bestäuben und ca. 15 Minuten gehen lassen.

Salz in Mineralwasser auflösen und mit Kümmel zum gegangenen Vorteig geben. Teig 5–10 Minuten gut kneten, mit etwas Mehl bestäubt und mit Tuch bedeckt 1 Stunde gehen lassen.

Gegangenen Teig nochmals kurz durchkneten, in 12 Teile schneiden und Kipferl formen: Jedes Teigstück auf bemehlter Arbeitsfläche zuerst rundformen, dann plattdrücken und zusammenrollen. Nun mit beiden Händen kurz rollen, damit die Enden spitz werden.

Auf leicht gefettetes Blech legen, ca. 15 Minuten gehen lassen. Mit lauwarmem Wasser bestreichen, mit Kümmel bestreuen und bei 225° auf der mittleren Schiene 20–25 Minuten backen. Zum Auskühlen auf ein Gitter legen.

Kräuterfladen

Frisch gemahlenes Weizenvollkornmehl in eine Schüssel geben, Vertiefung hineindrücken und darin die in lauwarmem Wasser aufgelöste Hefe zu einem dicklichen Brei rühren. Mit etwas Mehl bestäubt ca. 15 Minuten gehen lassen.

Salz und Honig in Wasser auflösen und zum gegangenen Vorteig geben. Ringelblumen, Brennessel, Kümmel, Koriander, Anis, Sesam, Mohn und Leinsamen dazugeben und Teig ca. 5 Minuten gut durchkneten, dann gehen lassen.

Nach ca. 45 Minuten, wenn der Teig gut gegangen ist, nochmals durchkneten und in 24 Teigstücke schneiden. Hafer in der Getreidemühle (Einstellung wie bei Frischkornbrei) frisch mahlen und auf Arbeitsfläche nach und nach verteilen. Auf den Haferflocken jedes Teigstück auf beiden Seiten zu Fladen auswalken, etwa in Größe einer Handfläche. Fladen auf ein gefettetes Backblech legen. Ergibt 4 Bleche mit je 6 Fladen.

Bei 200° auf der mittleren Schiene 20–25 Minuten backen. Nach 15 Minuten Backzeit Fladen wenden und weiterbacken. Auf einem Gitter auskühlen lassen. Mit Kräuterbutter als Belag reichen.

Vorteig:
600 g Weizenvollkornmehl
¼ l Wasser
40 g Hefe

Hauptteig:
1 TL Vollmeersalz
½ TL Honig
¼ l Wasser
1 EL Ringelblumen, getrocknet
1 EL Brennessel, getrocknet
1 EL Kümmel
1 TL Koriander
1 TL Anis
100 g Gemisch von Sesam, Mohn und Leinsamen

statt Streumehl: ca. 150 g Hafer

Abb. S. 40/41

Quark-Gewürzbrot

Vorteig:
1500 g Weizenvollkornmehl
2 EL Koriander
1 EL Kümmel
1 TL Anis
1 TL Fenchel
¼ l Wasser
80 g Hefe

Hauptteig:
⅝ l Wasser
2 EL Vollmeersalz
500 g Schichtkäse (= fester Quark)
Streumehl

Titelbild u. S. 24/25

Weizen mit Gewürzen mischen und mit diesen zusammen frisch und fein mahlen. In eine Schüssel geben und Vertiefung drücken. Darin die in kaltem Wasser aufgelöste Hefe mit etwas Mehl zu einem dicklichen Brei verrühren. Mit Mehl bestäubt ca. 15 Minuten gehen lassen.

Salz im kalten Wasser verrühren und mit dem Schichtkäse zum gegangenen Vorteig geben. Alles verrühren und 10 Minuten gut durchkneten. Teig ringsum bemehlen und ca. 1 Stunde in der Schüssel zugedeckt gehen lassen.

Gegangenen Teig auf einer bemehlten Arbeitsfläche durchkneten und mit dem Teigschluß nach oben in ein leicht bemehltes Backkörbchen zum Gehen geben. Mit einem Tuch bedeckt 10–15 Minuten gehen lassen.

Teig aus dem Körbchen auf ein Backblech stürzen, ein Kreuz mit Messer nicht allzu tief einschneiden und in den auf 250° vorgeheizten Backofen, unterste Schiene, schieben. 20 Minuten bei 250°, 60 Minuten bei 180° und 10 Minuten bei Nachhitze backen.

Brot auf einem Gitter mindestens 1 Tag auskühlen lassen. Die Teigmenge ergibt 2,5 kg Brot.

Zwiebelbrot

Zwiebeln grob würfeln, in Butter glasig dünsten und abkühlen lassen.

Frisch gemahlenes Weizenvollkornmehl in eine Schüssel geben, eine Vertiefung drücken und darin die in kaltem Wasser aufgelöste Hefe mit etwas Mehl zu einem dicklichen Brei rühren. Mit Mehl bestäuben und 15 Minuten gehen lassen.

Zum gegangenen Vorteig abgekühlte Zwiebeln, Wasser und Salz geben und alles zu einem glatten Teig 5–10 Minuten gut kneten. Mit Mehl bestäubt in der Teigschüssel 45 Minuten gehen lassen.

Wenn sich das Teigvolumen verdoppelt hat, Teig nochmals kurz durchkneten und in 3 Teile schneiden. Aus jedem Teil eine backblechlange Rolle wirken und diese Rollen in genügendem Abstand auf ein leicht gefettetes Backblech legen.

Mit einer Schere Brot beidseitig alle 3–5 cm, schräg, 2 cm tief, einschneiden und ca. 10 Minuten gehen lassen. Das ganze Ei verquirlen, Brote damit bestreichen und bei 220°, mittlere Schiene, 35–40 Minuten backen.

Das Brot ist gar, wenn es beim Beklopfen der Unterseite hohl klingt. Auf einem Gitter auskühlen lassen.

Die Teigmenge ergibt ca. 1,5 kg Zwiebelbrot. Es schmeckt zu Salatteller, Suppe oder als Imbiß, mit oder ohne Butter, köstlich.

300 g Zwiebeln
30 g Butter

Vorteig:
900 g Weizenvollkornmehl
¼ l Wasser
40 g Hefe

Hauptteig:
¼ l Wasser
4 TL Vollmeersalz

Streumehl

zum Bestreichen:
1 Ei

Titelbild u. S. 24/25

Zwiebelfladen

250 g Zwiebeln
30 g Butter

Vorteig:
600 g Weizenvollkornmehl
knapp ¼ l Wasser
30 g Hefe

Hauptteig:
¼ l Buttermilch
1 gehäufter TL Kräutersalz

Streumehl
1 Ei

Titelbild u. S. 40/41

Zwiebeln grob würfeln, in Butter kurz glasig dünsten und abkühlen lassen.

In das frisch gemahlene Weizenvollkornmehl eine Vertiefung drücken und darin die in kaltem Wasser aufgelöste Hefe mit etwas Mehl zu einem dicklichen Brei rühren. Mit Mehl bestäubt 15 Minuten gehen lassen.

Zum gegangenen Vorteig Zwiebeln, Buttermilch und Kräutersalz geben und alles zu einem lockeren, geschmeidigen Teig ca. 5 Minuten kneten. In der bemehlten Schüssel Teig ca. 45 Minuten gehen lassen.

Wenn sich das Teigvolumen verdoppelt hat, den Teig nochmals kurz durchkneten und auf einer bemehlten Arbeitsfläche in 4 oder 8 gleichgroße Teile schneiden, je nach gewünschter Fladengröße.

Jedes Teil mit etwas Mehl rund wirken und 2–4 Teile jeweils auf ein leicht gefettetes Backblech legen. Die runden Teigteile nun mit der Hand zu flachen Fladen (ca. 1 cm dick) drücken. Mit einer Schere den Teigrand ringsum alle 2 cm einschneiden. Fladen ca. 10 Minuten gehen lassen, mit verquirltem Ei bestreichen und bei 220°, mittlerer Schiene, ca. 20 Minuten backen.

Die Teigmenge ergibt 2 Bleche mit 4 großen oder 8 kleinen Fladen. Sie schmecken köstlich zu Salatteller, Suppe oder Eintopf.

Erwina Lidolt
Dinkel-Kochbuch
Vollwert-Trennkost-Rezepte

160 Seiten, Spiralbindung, kt.
S 198.–/DM 29,80
ISBN 3-85329-730-7

Erwina Lidolt
Vollwert-Trennkost
Erprobte Rezepte

136 Seiten, Spiralbindung, kt.
S 198.–/DM 29,80
ISBN 3-85329-819-2

Norbert Langmayr/
Ingrid Zauner
Die richtige Ernährung

96 Seiten, kt.
S 128.–/DM 18,80
ISBN 3-85329-718-8

Helga Fruhmann-Fontana/
Luzia Kruckenhauser
Vollwertküche für Einsteiger
Fleischlose Vollwertmenüs mit praktischen Tips zur gesunden Ernährung

132 Seiten, 14,7 x 21 cm,
Spiralbindung, broschiert
S 198.–/DM 29,80
ISBN 3-85329-866-4

Franz Hasengschwandtner
Abnehmen – aber richtig
Erprobte Ratschläge eines Diät-Arztes

Broschüre, 134 Seiten
14,8 x 21 cm
S 148.–/DM 22,–
ISBN 3-85329-800-1

Norbert Langmayr/
Ingrid Zauner
Fitkost
Ärztlicher Ernährungsratgeber mit Rezeptvorschlägen für alle ab 45

104 Seiten, 14,7 x 21 cm,
Spiralbindung, broschiert
S 198.–/DM 29,80
ISBN 3-85329-865-6